Benvenuti nel leggendario percorso del golf attraverso le pagine di "Le 50 leggende del golf e la loro storia". Questo libro è il vostro biglietto d'oro per esplorare i green iconici, i colpi magistrali e i campioni che hanno reso questo sport uno dei più prestigiosi ed emozionanti al mondo.

Il golf è molto più di un gioco. È una passione, una ricerca della perfezione e un'esperienza che ha unito generazioni di golfisti nel corso dei secoli. Ognuna delle 50 leggende che scoprirete in questo libro incarna l'eleganza, la perseveranza e il talento che hanno forgiato la storia di questo sport.

Preparatevi a immergervi nei momenti memorabili, nei record ineguagliati e nelle storie ispiratrici che hanno plasmato il gioco del golf. Che siate dilettanti esperti o principianti curiosi, queste storie vi porteranno nel cuore del fairway.

# SINTESI

- #1- JACK NICKLAUS
- #2- TIGER WOODS
- #3- ARNOLD PALMER
- #4- BEN HOGAN
- #5- BOBBY JONES
- #6- SAM SNEAD
- #7- GARY PLAYER
- #8- TOM WATSON
- #9- PHIL MICKELSON
- #10- BYRON NELSON
- #11- SEVE BALLESTEROS
- #12- WALTER HAGEN
- #13- GENE SARAZEN
- #14- NICK FALDO
- #15- LEE TREVINO
- #16- TOM KITE
- #17- JOHNNY MILLER
- #18- PAYNE STEWART
- #19- FRED COUPLES
- #20- ERNIE ELS
- #21- JIMMY DEMARET
- #22- RAYMOND FLOYD
- #23- BILLY CASPER
- #24- BERNHARD LANGER
- #25- BEN CRENSHAW

# SINTESI

#26- GREG NORMAN
#27- TONY JACKLIN
#28- VIJAY SINGH
#29- LEE WESTWOOD
#30- RORY MCILROY
#31- JUSTIN ROSE
#32- PADRAIG HARRINGTON
#33- DAVIS LOVE III
#34- HALE IRWIN
#35- TOM LEHMAN
#36- ZACH JOHNSON
#37- BUBBA WATSON
#38- JORDAN SPIETH
#39- DUSTIN JOHNSON
#40- BROOKS KOEPKA
#41- JUSTIN THOMAS
#42- RICKIE FOWLER
#43- SERGIO GARCIA
#44- HENRIK STENSON
#45- ADAM SCOTT
#46- JASON DAY
#47- COLIN MONTGOMERIE
#48- RETIEF GOOSEN
#49- STEWART CINK
#50- MARTIN KAYMER

#1

# JACK NICKLAUS "L'ORSO D'ORO"

**NATO IL 21 GENNAIO 1940 A COLUMBUS, OHIO, STATI UNITI.**

Jack Nicklaus detiene 18 titoli importanti, un record assoluto, con sei vittorie al Masters, cinque agli US Open, tre al British Open e quattro al PGA Championship. La sua carriera ha attraversato diversi decenni, dalla fine degli anni Cinquanta alla fine degli anni Ottanta, stabilendo record difficili da eguagliare.

# IL GOLFISTA DAL CUORE D'ORO

Conosciuto per il suo swing potente e la strategia impeccabile, ha dominato il golf mondiale per due decenni. I suoi confronti con Arnold Palmer e Gary Player, conosciuti come "The Big Three", hanno affascinato il mondo del golf. La sua capacità di effettuare colpi sotto pressione, come il suo famoso putt alla buca 17 del Masters del 1975, resta negli annali. Nicklaus ha anche contribuito al golf fuori campo, progettando campi da golf.

Nel 1962, nel suo primo titolo importante agli US Open, sconfisse Arnold Palmer, scatenando una leggendaria rivalità che affascinò gli appassionati di golf. Nel 1986, all'età di 46 anni, Nicklaus vinse il suo sesto Masters, diventando il giocatore più anziano a vincere il torneo, un record che resiste ancora. Nicklaus ha giocato un ruolo importante anche nella Ryder Cup, sia come giocatore che come capitano. Propose di includere giocatori europei nella squadra britannica, una mossa che trasformò la competizione in un evento ancora più prestigioso. La sua influenza sul golf è tale che il "Nicklaus Award" viene assegnato ogni anno al miglior giocatore di golf universitario degli Stati Uniti.

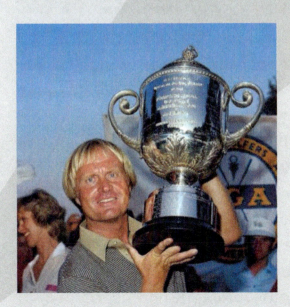

Parallelamente alla sua carriera da golfista, ha iniziato molto presto la carriera di progettista di campi da golf. Il suo primo progetto, l'Harbour Town Golf Links, fu inaugurato nel 1969. Questa carriera architettonica iniziò in collaborazione con due dei migliori architetti di golf, Pete Dye e Desmond Muirhead.

#2

# TIGER WOODS

**NATO IL 30 DICEMBRE 1975 A CYPRESS, CALIFORNIA, STATI UNITI.**

Tiger Woods ha vinto 15 tornei importanti, tra cui cinque Masters, tre US Open, tre British Open e quattro PGA Championship. Woods ha dominato il golf mondiale per molti anni, classificandosi numero uno al mondo per un record di 683 settimane. Ha anche vinto 82 titoli del PGA Tour, eguagliando il record di Sam Snead.

## L'ICONA CHE HA REINVENTATO IL GOLF

Conosciuto per la sua potenza di pugni, precisione chirurgica e acciaio mentale, Woods ha portato un nuovo livello di intensità e atletismo in questo sport. La sua influenza va oltre i punteggi; ha aumentato notevolmente la popolarità del golf e ha rotto le barriere razziali in uno sport tradizionalmente dominato dai giocatori bianchi. I suoi duelli epici con altri grandi giocatori come Phil Mickelson e la sua capacità di attirare un vasto pubblico hanno segnato una nuova era nel golf.

Tiger Woods ha segnato la storia del golf con diversi momenti chiave. Il suo primo Masters nel 1997, vinto all'età di 21 anni con un record di 12 colpi, annunciò immediatamente il suo arrivo come una grande forza. Nel 2000, ha realizzato una delle più grandi imprese della storia dello sport, vincendo tre tornei importanti consecutivi (US Open, British Open e PGA Championship) e completando il "Tiger Slam" nel 2001 vincendo il Masters, detenendo contemporaneamente tutti i principali tornei. titoli. La sua vittoria al Masters 2019, dopo un decennio di lotte personali e infortuni, è stato un momento sportivo iconico, mettendo in mostra la sua capacità di superare ostacoli incredibili. Fuori dal campo, ha anche svolto un ruolo importante come filantropo, con la sua fondazione che ha avuto un impatto su milioni di bambini attraverso programmi educativi e sportivi.

All'età di 5 anni, è apparso sulla rivista Golf Digest e nello show televisivo That's Incredible! dal canale ABC. Riceve il suo primo set completo di mazze da golf, compreso un ferro da stiro.

# #3

# ARNOLD PALMER, "IL RE"

NATO IL 10 SETTEMBRE 1929 A LATROBE, PENNSYLVANIA, STATI UNITI.

Con un totale di sette titoli importanti al suo attivo, inclusi quattro Masters (1958, 1960, 1962, 1964), due British Open (1961, 1962) e uno US Open (1960), il suo record è notevole. Palmer ha vinto 62 titoli del PGA Tour, classificandosi al quinto posto nella storia per vittorie in carriera.

# L'UOMO CHE CAMBIÒ IL GOLF

Arnold Palmer è stato uno dei primi giocatori di golf a diventare una vera star. Il suo stile di gioco aggressivo, caratterizzato da rischi calcolati e da una fiducia incrollabile, ha ridefinito il modo in cui veniva percepito il golf. Inoltre, ha contribuito ad aumentare i premi in denaro e le entrate dei tornei, migliorando così la professione del golf. La sua influenza si estende oltre i campi, con la creazione della "Arnold Palmer Enterprises" e il suo coinvolgimento nella progettazione di campi da golf, nonché in opere di beneficenza.

La carriera di Arnold Palmer è costellata di momenti e risultati memorabili. È stato membro fondatore del PGA Tour Champions, il tour per golfisti professionisti dai 50 anni in su, e ha vinto numerosi tornei in quel tour. Palmer ha avuto un ruolo determinante nella creazione di "The Golf Channel", il primo canale televisivo dedicato esclusivamente al golf. La sua rivalità con Jack Nicklaus e Gary Player, soprannominato "I Tre Grandi", conquistò il mondo del golf negli anni '60, contribuendo ad aumentare l'interesse per questo sport su scala globale. Al di fuori del golf, Palmer era noto anche per il suo coinvolgimento filantropico, in particolare attraverso la creazione dell'Arnold Palmer Hospital for Children e del Winnie Palmer Hospital for Women & Babies a Orlando.

Concluse la carriera nel circuito professionistico all'età di 75 anni con la cinquantesima partecipazione consecutiva al Masters di Augusta del 2004. Ha giocato ancora nel circuito senior fino al 2005

# #4

## BEN HOGAN, "IL FALCO"

NATO IL 13 AGOSTO 1912 A STEPHENVILLE, TEXAS, STATI UNITI.

Il suo record comprende nove titoli importanti: quattro US Open (1948, 1950, 1951, 1953), due Masters (1951, 1953), due PGA Championships (1946, 1948) e un British Open (1953). Dominò il mondo del golf negli anni Quaranta e Cinquanta, nonostante un grave incidente automobilistico nel 1949 che quasi pose fine alla sua carriera.

# DETERMINAZIONE RESA GOLFISTA

Hogan ha influenzato profondamente il gioco, in particolare attraverso il suo libro "Five Lessons: The Modern Fundamentals of Golf", considerato un testo fondamentale sulla tecnica del golf. La sua vittoria agli US Open del 1950, appena 16 mesi dopo un devastante incidente automobilistico, è una testimonianza della sua tenacia e del suo spirito combattivo. Questa vittoria, spesso descritta come un "miracolo sul green", rafforzò la sua leggenda e ispirò generazioni di golfisti.

La carriera di Ben Hogan è costellata di momenti iconici e risultati che hanno plasmato la storia del golf. Nel 1949, Hogan sopravvisse a un incidente automobilistico quasi fatale, riportando numerose fratture e ferite gravi. Nonostante la prognosi negativa dei medici, fece un notevole ritorno al golf professionistico, vincendo gli US Open del 1950 con un'impressionante impresa di resilienza. Il suo stile di gioco, caratterizzato da estrema disciplina e rigore, stabilisce nuovi standard nella preparazione e nell'allenamento dei golfisti.

Ben Hogan non ha mai fatto buca in una competizione. Sharon Ray, che è stata la sua segretaria per molto tempo, sostiene che Hogan non faceva di più quando giocava per il suo piacere.

# #5

# BOBBY JONES

**NATO IL 17 MARZO 1902 AD ATLANTA, GEORGIA, STATI UNITI.**

Bobby Jones è l'unico giocatore di golf a vincere il Grande Slam in una sola stagione (1930), inclusi US Open, British Open, US Amateur e British Amateur. In totale, vinse 13 campionati importanti durante la sua carriera, che andò dagli anni '20 all'inizio degli anni '30.

# IL DILETTANTE CHE DOMINAVA IL GOLF

Jones era noto per il suo swing potente e aggraziato, la sua strategia di gioco intelligente e la sua capacità di mantenere la calma sotto pressione. Ha avuto un ruolo determinante nella fondazione del Masters Tournament, uno dei quattro principali tornei di golf, aumentando ulteriormente la sua influenza nel mondo del golf. Fuori dal campo, di professione faceva l'avvocato, il che si aggiungeva alla sua aura di gentiluomo golfista.

La sua vittoria nel Grande Slam nel 1930 è una delle imprese più prestigiose della storia dello sport, ottenuta in un'epoca in cui il golf non beneficiava delle moderne tecnologie e infrastrutture di oggi. La sua decisione di rimanere un dilettante per tutta la sua carriera, nonostante la pressione e le opportunità redditizie, ha dimostrato il suo puro amore per il gioco e l'impegno per il dilettantismo. Jones fu anche determinante nello sviluppo dell'Augusta National Golf Club e nella creazione del Masters Tournament nel 1934, che oggi è uno dei tornei più prestigiosi al mondo. Il suo ritiro dal golf all'età di 28 anni, all'apice del suo gioco, è stata una scelta sorprendente e coraggiosa, che ha lasciato un'eredità indelebile nel mondo del golf.

Nell'ottobre 1958 fu il secondo americano (con Benjamin Franklin (1759)) a ricevere il premio onorario Freedom of St. Andrews, la culla del golf.

#6

# SAM SNEAD, "SLAMMIN' SAMMY"

NATO IL 27 MAGGIO 1912 A ASHWOOD, VIRGINIA, STATI UNITI.

Sam Snead ha vinto un totale di 82 titoli del PGA Tour, un record che condivide con Tiger Woods. Il suo record comprende sette titoli importanti: tre Masters (1949, 1952, 1954), tre PGA Championships (1942, 1949, 1951) e un British Open (1946). Snead era rinomato per il suo swing fluido e potente, considerato uno dei migliori nella storia del golf.

## L'ETERNO MAESTRO DELLO SWING

Sam Snead è famoso per il suo swing naturale ed elegante, spesso descritto come uno dei più belli del golf. La sua capacità di produrre colpi potenti e precisi con apparente facilità affascina da anni gli appassionati e gli esperti di golf. Snead era noto anche per la sua eccezionale longevità nello sport. Detiene il record di giocatore più anziano a giocare in un torneo del PGA Tour e ad ottenere un taglio in un torneo importante.

La carriera di Sam Snead è piena di risultati impressionanti e momenti memorabili. È l'unico giocatore di golf ad aver vinto titoli del PGA Tour in quattro decenni diversi, a testimonianza della sua capacità di rimanere competitivo per un lungo periodo di tempo. Particolarmente significativa fu la sua vittoria al British Open del 1946, avvenuto nell'immediato dopoguerra, che segnò un momento importante nella storia del golf internazionale. Snead è stato anche un membro chiave della squadra statunitense della Ryder Cup, contribuendo a molte delle vittorie della squadra. Ha avuto anche dei momenti difficili, inclusa la sua ricerca incompiuta per gli US Open, dove è arrivato secondo quattro volte, un titolo importante che gli è sempre sfuggito.

È stato a lungo ammirato per possedere quello che è stato chiamato "lo swing perfetto" con una lentezza di esecuzione e una flessibilità raramente eguagliate.

#7

# GARY PLAYER, "IL CAVALIERE NERO"

NATO IL 1 NOVEMBRE 1935 A JOHANNESBURG, SUD AFRICA.

Gary Player ha un record impressionante che include nove titoli importanti: tre Masters (1961, 1974, 1978), tre British Open (1959, 1968, 1974), due PGA Championships (1962, 1972) e uno US Open (1965). È uno dei soli cinque giocatori di golf ad aver raggiunto un Grande Slam in carriera, vincendo tutte e quattro le major.

# L'ETERNO VIAGGIATORE DELLA VITTORIA

Gary Player è considerato uno dei primi golfisti a prendere sul serio il fitness, cosa che gli ha permesso di rimanere competitivo ad alto livello per molti anni. Il giocatore è anche rinomato per la sua sportività, l'etica del duro lavoro e la dedizione alla promozione del golf in tutto il mondo, in particolare nel suo nativo Sud Africa.

La carriera di Gary Player è ricca di successi e momenti memorabili. La sua vittoria al British Open nel 1959 lo rese il primo golfista non americano a vincere il torneo in 34 anni, mettendo in luce il suo talento sulla scena internazionale. Nel 1965, vincendo gli US Open, divenne l'unico giocatore di golf non americano a vincere il torneo in quel momento, e il terzo a raggiungere il Grande Slam in carriera. Il giocatore ha vinto anche il Masters all'età di 42 anni, diventando uno dei vincitori più anziani del torneo. Fuori dal campo, è un attivo sostenitore della conservazione della natura e ha fondato una fondazione di beneficenza incentrata sull'istruzione, la salute e l'emancipazione dei giovani. La sua influenza si estende oltre il mondo del golf, dove è riconosciuto per il suo approccio olistico al gioco e alla vita.

Fu il primo non americano a vincere il Masters e, con gli americani Jack Nicklaus e Arnold Palmer, formò un triumvirato che la stampa americana negli anni '60 soprannominò "I Tre Grandi".

#8

# TOM WATSON, "TOM TERRIFIC"

**NATO IL 4 SETTEMBRE 1949 A KANSAS CITY, MISSOURI, STATI UNITI.**

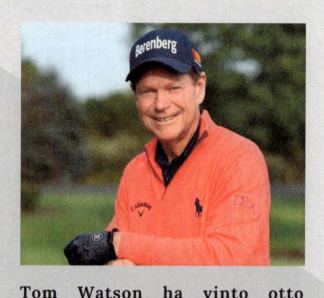

Tom Watson ha vinto otto tornei importanti, tra cui cinque British Open, due Masters (1977, 1981) e uno US Open (1982). Conosciuto per le sue eccezionali prestazioni in condizioni di gioco difficili, in particolare sui campi di collegamento, Watson è stato uno dei principali giocatori negli anni '70 e '80.

# L'ETERNO CONTENDENTE DEL GOLF

Tom Watson è noto per la sua precisione, capacità di leggere il gioco e resilienza mentale, spesso tornando da situazioni difficili per vincere. Watson è stato anche un pioniere nella preparazione fisica per il golf, sottolineando la forma fisica e la resistenza sul campo. Le sue vittorie in condizioni difficili e la sua longevità nello sport lo rendono una figura iconica e rispettata nel golf mondiale.

Oltre alle vittorie più importanti, la carriera di Tom Watson è costellata di momenti significativi. Il suo "Duello al sole" con Jack Nicklaus al British Open del 1977 è considerato uno dei momenti più grandi del golf, mettendo in mostra non solo il suo talento ma anche la sua sportività. Nel 2009, all'età di 59 anni, Watson ha quasi vinto il British Open, che lo avrebbe reso il vincitore più anziano di un torneo importante, evidenziando la sua eccezionale competitività anche in età avanzata. Watson è stato anche un attivo sostenitore delle regole e dell'etichetta del golf, rispettato per la sua integrità e il suo impegno nello sport.

Nel 2003, gli è stato assegnato il titolo di Giocatore dell'anno nel Champions Tour, un trofeo denominato Arnold Palmer Award. Nella stessa stagione del 2003, gli è stato assegnato il Payne Stewart Award, un trofeo che prende il nome da un altro membro della Hall of Fame, Payne Stewart. Questo trofeo premia un giocatore che onora i valori e le tradizioni del golf.

# PHIL MICKELSON, "LEFTY"

NATO IL 16 GIUGNO 1970 A SAN DIEGO, CALIFORNIA, STATI UNITI.

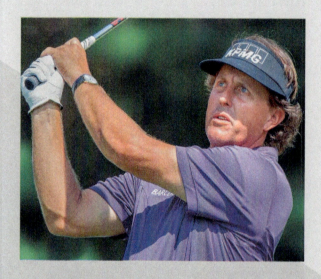

Il suo impressionante record comprende sei titoli importanti: tre Masters (2004, 2006, 2010), due PGA Championships (2005, 2021) e un British Open (2013). Phil Mickelson ha anche più di 40 vittorie nel PGA Tour ed è stato classificato tra i primi 50 al mondo per più di 25 anni consecutivi.

## IL RISK TAKER

Phil Mickelson è famoso per il suo stile di gioco unico e il suo approccio audace al golf. Conosciuto per il suo potente swing con la mano sinistra e l'incredibile abilità con il wedge, Mickelson spesso affascinava il pubblico con i suoi colpi rischiosi e il suo stile drammatico. La sua vittoria al PGA Championship nel 2021, all'età di 50 anni, lo ha reso il vincitore più anziano di un torneo importante, un record storico che sottolinea la sua longevità e il suo livello eccezionale.

La carriera di Phil Mickelson è segnata da molti momenti salienti. Oltre alle sue sei vittorie principali, ha vinto numerosi tornei del PGA Tour, dimostrando una notevole capacità di rimanere competitivo per diversi decenni. Le sue rivalità con Tiger Woods e altri importanti golfisti furono momenti chiave nel golf moderno, aumentando l'intensità e l'eccitazione di questo sport. Mickelson è stato anche un membro chiave di diverse squadre statunitensi della Ryder Cup e della Presidents Cup, contribuendo in modo significativo al loro successo. Fuori dal campo, è noto per il suo coinvolgimento in opere di beneficenza, le sue attività commerciali e il suo amore per il volo da pilota.

Mickelson è un finto mancino. In realtà è destrorso in tutto tranne che nel golf. Ciò deriverebbe dall'abitudine acquisita fin da giovanissimo di mettersi davanti al padre, destrimano, per imparare a suonare.

#10

# BYRON NELSON, "LORD BYRON"

NATO IL 4 FEBBRAIO 1912 A WAXAHACHIE, TEXAS, STATI UNITI.

Byron Nelson ha 52 vittorie nel PGA Tour, inclusi cinque tornei principali: due Masters, due PGA Championships e uno US Open. Nelson è particolarmente famoso per la sua incredibile stagione del 1945, nella quale stabilì un record ancora ineguagliato di undici vittorie consecutive nel PGA Tour.

# UNA STAGIONE DA RECORD SENZA PRECEDENTI NEL 1945

Byron Nelson è famoso per la sua eccezionale stagione 1945, considerata una delle più grandi prestazioni nella storia dello sport professionistico. Oltre alle undici vittorie consecutive, quell'anno vinse un totale impressionante di 18 tornei, un risultato che rimane ineguagliato fino ad oggi. Nelson era noto per la sua tecnica di swing innovativa, che influenzò generazioni di golfisti dopo di lui.

Oltre alla stagione da record del 1945, la carriera di Byron Nelson fu costellata da molti altri risultati degni di nota. È stato il primo giocatore di golf a vincere il Masters, gli US Open e il PGA Championship, stabilendo un nuovo standard per il successo nel golf professionistico. Nelson è stato anche un pioniere nella strategia dei campi da golf, utilizzando un approccio metodico e analitico per padroneggiare i campi da golf. Dopo il ritiro dalle competizioni, ha continuato a influenzare lo sport come insegnante, mentore e commentatore. Il suo impatto sul golf va ben oltre i suoi record e titoli, avendo contribuito in modo significativo all'evoluzione del gioco e della sua tecnica.

Nel 1944-1945 divenne "uno dei migliori giocatori della storia" secondo Arnold Palmer. Vinse 31 dei 45 tornei a cui partecipò in questi due anni, di cui 11 consecutivi nel 1945.

# #11

# SEVE BALLESTEROS, "IL MATADOR"

NATO IL 9 APRILE 1957 A PEDREÑA, CANTABRIA, SPAGNA.

Seve Ballesteros ha vinto cinque tornei importanti: tre British Open (1979, 1984, 1988) e due Masters (1980, 1983). Con più di 90 vittorie internazionali, di cui 50 nel Tour Europeo, è stato uno dei giocatori più influenti del golf mondiale negli anni '70 e '80.

## PIONIERE EUROPEO

Seve Ballesteros è famoso per la sua capacità di trasformare situazioni difficili in colpi memorabili, spesso descritto come un mago del campo. Il suo stile di gioco audace e creativo, combinato con la sua personalità stravagante, ha affascinato gli appassionati di golf di tutto il mondo. Ballesteros è stato determinante nella divulgazione del golf in Europa e ha svolto un ruolo chiave nel trasformare la Ryder Cup in una competizione veramente competitiva tra Europa e Stati Uniti.

La carriera di Seve Ballesteros è stata segnata da diversi momenti iconici. A 19 anni arrivò secondo al British Open del 1976, annunciando il suo arrivo sulla scena mondiale. Le sue vittorie al British Open nel 1979 e nel 1984, così come al Masters nel 1980 e nel 1983, hanno dimostrato il suo straordinario talento e la capacità di eccellere nei tornei più prestigiosi. Il suo ruolo nella Ryder Cup è stato storico; ha aiutato la squadra europea a ottenere numerose vittorie ed è stato un elemento chiave per affermare l'Europa come una forza importante in questa competizione. Ballesteros è stato anche riconosciuto per il suo contributo allo sviluppo del golf in Spagna, trasformando lo sport nel suo paese natale e diventando un eroe nazionale.

Seve Ballesteros era noto per la sua personalità gioviale e la sua gioia di vivere sul campo. Per festeggiare le vittorie lanciava in aria il suo berretto, che divenne uno dei suoi tratti distintivi.

# #12

# WALTER HAGEN, "SIR WALTER"

NATO IL 21 DICEMBRE 1892 A ROCHESTER, NEW YORK, STATI UNITI.

Walter Hagen ha vinto 11 tornei importanti, inclusi quattro British Open, cinque PGA Championship e due US Open. Hagen ha il merito di aver portato professionalità nel golf e di aver infranto le barriere di classe in uno sport dominato da dilettanti.

# IL DANDY DEL GOLF

Walter Hagen è famoso per aver trasformato la percezione del golf professionistico. È stato un pioniere nel promuovere il golf come una carriera praticabile per i professionisti, cambiando la dinamica tra dilettanti e professionisti. La sua personalità straordinaria, il senso della moda e il comportamento audace dentro e fuori dal campo lo hanno reso una figura iconica e un modello per le future generazioni di golfisti professionisti.

La carriera di Walter Hagen è costellata di momenti storici e innovazioni. Il suo dominio negli anni '20, comprese le sue quattro vittorie consecutive nel campionato PGA, stabilì nuovi standard per il successo nel golf professionistico. Hagen ha inoltre svolto un ruolo chiave nella creazione della Ryder Cup, diventando il primo capitano americano e contribuendo a trasformare la competizione in un evento di prestigio internazionale. Inoltre, Hagen è stato uno dei primi golfisti a fare tournée all'estero, promuovendo il golf negli Stati Uniti e in tutto il mondo.

Hagen era anche molto bravo nel baseball. Ha annullato un test per la squadra dei Philadelphia Phillies per giocare in un torneo di golf. Alla fine della settimana era il detentore del trofeo degli US Open e la sua carriera sportiva aveva preso una svolta definitiva.

# GENE SARAZEN, "LO SCUDIERO"

**NATO IL 27 FEBBRAIO 1902 A HARRISON, NEW YORK, STATI UNITI.**

Gene Sarazen vinse due volte gli US Open (1922, 1932), tre volte il PGA Championship (1922, 1923, 1933), il Masters nel 1935 e il British Open nel 1932. Sarazen è uno dei cinque giocatori di golf ad aver vinto tutti i titoli principali almeno una volta, ottenendo un Grande Slam in carriera.

## INNOVATIVO E CAMPIONE

Gene Sarazen è famoso per aver completato la carriera del Grande Slam. Oltre alle sue vittorie, Sarazen lasciò un segno indelebile nel golf con la sua invenzione del sand wedge nel 1932, uno strumento che rivoluzionò il gioco attorno ai bunker. Forse il suo tiro più famoso fu il suo albatro sulla buca numero 15 al Masters del 1935, un momento decisivo che lo aiutò a vincere il torneo e rimane uno dei colpi più iconici della storia del golf.

La carriera di Gene Sarazen è segnata da molti momenti storici. Il suo dominio negli anni '20 e '30 stabilì gli standard per le future generazioni di golfisti. Oltre alla sua carriera nel Grande Slam, Sarazen è stato un concorrente regolare nelle squadre della Ryder Cup, rappresentando gli Stati Uniti in diverse occasioni. La sua capacità di rimanere ai vertici del golf per quasi tre decenni è una testimonianza della sua abilità tecnica e determinazione. Sarazen è stato anche un pioniere nella promozione del golf, utilizzando la sua fama per contribuire a rendere popolare lo sport negli Stati Uniti e nel mondo. Dopo il suo ritiro, è rimasto attivo nel golf come commentatore e ambasciatore di questo sport.

Fu l'inventore del moderno sand wedge che usò per la prima volta al British Open al Prince's Golf Club (che vinse) nel 1932. Lo chiamò sand iron e il suo club originale è ancora in mostra al Prince's Golf Club.

# #14

# NICK FALDO, "SIR NICK"

**NATO IL 18 LUGLIO 1957 A WELWYN GARDEN CITY, INGHILTERRA**

Nick Faldo ha vinto tre Master e tre British Open. La sua carriera è stata caratterizzata da una precisione meticolosa e da un approccio strategico al gioco, che lo hanno spesso collocato in buone posizioni nei tornei più importanti. Faldo è stato il giocatore di golf numero uno al mondo per un totale di 97 settimane negli anni '90.

## L'INTRATTABILE MAESTRO DEL GOLF BRITANNICO

Nick Faldo è famoso per il suo metodo rigoroso e la meticolosa attenzione ai dettagli, che sono stati la chiave del suo successo nei tornei più importanti. La sua completa trasformazione dello swing a metà degli anni '80, con l'aiuto dell'allenatore David Leadbetter, è una testimonianza del suo impegno nel migliorare il suo gioco, che alla fine portò a un periodo di dominio nel golf mondiale.

Tra i momenti salienti della sua carriera, sono particolarmente degne di nota le vittorie di Faldo ai Masters del 1989 e del 1990, dove ha dimostrato la sua incredibile capacità di tornare alle competizioni. Il suo secondo Masters nel 1990 lo vide vincere il torneo, battendo Raymond Floyd nei playoff. Faldo è noto anche per la sua eccezionale prestazione al British Open del 1992, dove il suo round finale fu un modello di gioco strategico e controllato. Fuori dal campo, Faldo è stato un membro influente della squadra europea della Ryder Cup, contribuendo a molti dei suoi successi storici. Dopo la sua carriera da giocatore, è diventato un rispettato commentatore di golf, condividendo la sua esperienza e le sue prospettive su questo sport.

Passa al professionismo nel 1976. Ottene rapidamente risultati nell'European PGA Tour, con una prima vittoria nel 1977, stagione nella quale chiude all'ottavo posto nella classifica dell'Ordine al Merito Europeo.

#15

# LEE TREVINO, "SUPERMEX"

NATO IL 1 DICEMBRE 1939 A DALLAS, TEXAS, STATI UNITI

Il suo record include due US Open (1968, 1971), due British Open (1971, 1972) e due PGA Championships (1974, 1984). Con 29 vittorie nel PGA Tour, Lee Trevino è riconosciuto per il suo stile di gioco unico, il suo swing da autodidatta e la sua capacità di giocare con precisione sotto pressione.

# IL CAMPIONE DAL SORRISO INDIMENTICABILE

Lee Trevino è famoso per la sua personalità carismatica e il suo stile di gioco atipico. Proveniente da un ambiente umile, ha insegnato golf in gran parte da autodidatta, il che ha dato al suo swing una firma unica. La sua capacità di effettuare tiri impressionanti in situazioni difficili e il suo senso dell'umorismo sul campo lo hanno reso popolare tra gli spettatori e rispettato dai suoi coetanei.

La carriera di Lee Trevino è stata segnata da molti momenti memorabili. Nel 1971, realizzò un'impresa rara vincendo nello stesso anno gli US Open, il Canadian Open e il British Open, una prestazione che mise in risalto il suo talento e la sua versatilità. Trevino fu protagonista anche nelle competizioni a squadre, in particolare nella Ryder Cup, dove contribuì in modo determinante al successo della squadra americana. La sua vittoria al PGA Championship nel 1984, all'età di 44 anni, ha dimostrato la sua eccezionale longevità in questo sport. Fuori dal campo, Trevino è stato apprezzato per il suo impegno nello sviluppo del golf, in particolare attraverso il suo contributo all'insegnamento e alla promozione del gioco.

Trevino è stato il primo giocatore a passare tutti e quattro i turni regolamentari sotto il par agli US Open. A Oak Hill nel 1968, Trevino giocò i turni 69-68-69-69.

# #16

## TOM AQUILONE

NATO IL 9 DICEMBRE 1949 A MCKINNEY, TEXAS, STATI UNITI.

Tom Kite ha ottenuto un totale di 19 vittorie nel PGA Tour, incluso un titolo importante, gli US Open del 1992. È stato uno dei golfisti più costanti degli anni '80 e '90, finendo spesso ai primi posti nei tornei più importanti. Kite è stato anche il numero uno al mondo per un certo periodo nel 1989.

## TOM KITE, IL GENTILUOMO DEI FAIRWAYS

Tom Kite è famoso per la sua tecnica meticolosa e la precisione chirurgica sul percorso. Conosciuto per la sua meticolosa preparazione e analisi del suo gioco, i suoi sforzi sono stati ripagati con la vittoria agli US Open nel 1992, un momento clou della sua carriera. Questa vittoria è stata particolarmente significativa perché è avvenuta in condizioni meteorologiche estremamente difficili a Pebble Beach.

Oltre alla vittoria agli US Open, la carriera di Tom Kite è stata segnata dalla sua costanza e longevità nello sport. È arrivato tra i primi 10 in numerosi tornei importanti ed è stato un membro chiave della squadra statunitense della Ryder Cup per diversi anni. Kite è stato anche uno dei primi golfisti a enfatizzare il fitness e il fitness nella preparazione al golf, influenzando le future generazioni di giocatori. Oltre al successo sul campo, divenne un rispettato architetto del golf, progettando diversi campi da golf riconosciuti. Il suo impegno per il miglioramento continuo e la sua passione per tutti gli aspetti del golf hanno consolidato il suo status di figura iconica di questo sport.

Nominato rookie dell'anno nel 1973, ottenne numerosi riconoscimenti e vinse 19 titoli nel circuito PGA, che gli permisero di essere il primo giocatore della storia a raggiungere i 6 milioni di dollari di guadagni, poi 7, 8 e infine 9 milioni di dollari.

# JOHNNY MILLER, "J.D."

NATO IL 29 APRILE 1947 A SAN FRANCISCO, CALIFORNIA, STATI UNITI.

Johnny Miller ha avuto una carriera illustre con 25 vittorie nel PGA Tour, incluse due major. Ha vinto gli US Open nel 1973 e il British Open nel 1976. Miller è meglio conosciuto per la sua vittoria agli US Open del 1973 a Oakmont, dove ha registrato un punteggio finale di 63, il punteggio più basso in un turno importante dell'epoca.

# IL VIRTUOSO DEL CORSO

Il suo stile di gioco aggressivo e la fiducia nei suoi colpi di ferro spesso hanno portato a prestazioni spettacolari. Degna di nota nella sua carriera è stata la sua capacità di produrre colpi eccezionali sotto pressione, come dimostrato nel suo incredibile round finale agli US Open del 1973. Questa prestazione è spesso citata come uno dei migliori round della storia del golf.

La carriera di Johnny Miller è stata costellata da diversi momenti importanti. La sua vittoria agli US Open del 1973 con un punteggio finale di 63 rimane uno dei momenti più importanti del golf, inserendolo negli annali della storia di questo sport. Oltre alle sue vittorie più importanti, Miller è stato un concorrente costante e di successo nel PGA Tour per tutti gli anni 70. Dopo la sua carriera da giocatore, ha compiuto con successo una transizione come commentatore di golf, fornendo analisi penetranti e spesso senza compromessi, che lo hanno reso popolare e rispettato tra gli spettatori. Miller è stato anche coinvolto nella progettazione di campi da golf, apportando la sua esperienza e visione a molti progetti.

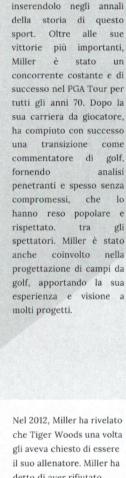

Nel 2012, Miller ha rivelato che Tiger Woods una volta gli aveva chiesto di essere il suo allenatore. Miller ha detto di aver rifiutato l'offerta di Woods a causa del suo impegno con la NBC Sports e del suo desiderio di trascorrere del tempo con i suoi figli e nipoti.

#18

# PAYNE STEWART

NATO IL 30 GENNAIO 1957 A SPRINGFIELD, MISSOURI, STATI UNITI.

Payne Stewart ha avuto una carriera straordinaria con 11 vittorie nel PGA Tour, inclusi tre titoli importanti. Ha vinto due volte gli US Open (1991, 1999) e il PGA Championship nel 1989. Stewart era famoso per il suo swing fluido e l'approccio strategico al gioco, nonché per il suo abbigliamento unico.

## UNO STILE INDIMENTICABILE

Payne Stewart è famoso non solo per le sue eccezionali prestazioni sul campo, ma anche per il suo stile di abbigliamento iconico e la sua personalità carismatica. Ha lasciato il segno nel mondo del golf con la sua passione, il suo fair play e la sua capacità di affascinare il pubblico. La sua vittoria agli US Open nel 1999, pochi mesi prima della sua tragica morte, rimane uno dei momenti più commoventi nella storia del golf, segnando la fine di una brillante carriera.

La carriera di Payne Stewart è stata segnata da momenti di trionfo e tragedia. Memorabile la sua vittoria agli US Open del 1991, dove sconfisse Scott Simpson nei playoff. Ma è la sua vittoria agli US Open del 1999 quella che rimane più ricordata, una vittoria ottenuta con un putt decisivo alla diciottesima buca di Pinehurst. La vittoria fu tanto più toccante perché arrivò pochi mesi prima della sua morte in un incidente aereo nell'ottobre 1999. Stewart era anche un concorrente regolare nelle squadre della Ryder Cup, contribuendo a diverse vittorie americane. Fuori dal campo, era noto per il suo coinvolgimento in opere di beneficenza e per il suo impegno nei confronti della sua famiglia.

Stewart morì il 25 ottobre 1999 in un incidente aereo nel South Dakota. Il Learjet 35 in decollo da Orlando, in Florida, con sei persone a bordo, ha subito una depressurizzazione uccidendole e si è schiantato senza carburante

#19

# FRED COPPIE, "BOOM BOOM"

NATO IL 3 OTTOBRE 1959 A SEATTLE, WASHINGTON, STATI UNITI.

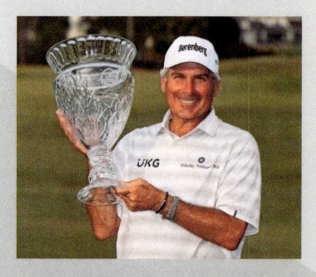

Fred Couples ha 15 vittorie PGA. Il suo momento più importante è stata la vittoria al Masters del 1992. Couples è noto anche per la sua longevità nello sport, con prestazioni di alto profilo che abbracciano diversi decenni. È stato classificato numero uno al mondo per 16 settimane nel 1992.

## UN ARTISTA DEL GOLF MODERNO

Fred Couples è famoso per il suo swing naturalmente fluido e potente, che gli è valso il soprannome di "Boom Boom". La sua capacità di eseguire tiri lunghi e precisi con apparente facilità e il suo atteggiamento rilassato in gara hanno affascinato gli spettatori di tutto il mondo. Couples si distingue anche per il suo approccio rilassato e carismatico, in contrasto con l'intensità spesso associata al golf professionistico. La sua vittoria al Masters del 1992 fu il momento clou della sua carriera.

Durante la sua carriera, Fred Couples ha accumulato molti momenti memorabili. Oltre al trionfo al Masters, è stato un membro chiave della squadra statunitense della Ryder Cup, contribuendo a numerose vittorie importanti. Il suo stile di gioco è stato spesso descritto come disinvolto, ma ha dimostrato più e più volte la sua capacità di competere con i migliori golfisti del mondo. Couples ha avuto successo anche nel Champions Tour, vincendo numerosi titoli e dimostrando la sua continua competitività nel golf senior. La sua popolarità tra i fan è stata accresciuta dal suo comportamento amichevole e disponibile, che lo ha reso uno dei golfisti più amati della sua generazione.

È uno dei rari giocatori professionisti a giocare senza guanti.

#20

# ERNIE ELS, "LA GRANDE FACILE"

**NATO IL 17 OTTOBRE 1969 A JOHANNESBURG, IN SUD AFRICA.**

Ernie Els ha quattro titoli importanti al suo attivo. Ha vinto due volte gli US Open e due volte il British Open. In totale, Els ha vinto più di 70 tornei professionistici, di cui 19 nel PGA Tour e 28 nell'European Tour. La sua statura imponente, unita ad uno swing fluido e potente, lo hanno reso uno dei golfisti più formidabili della sua generazione.

## UN GIGANTE DEL GOLF SUDAFRICANO

Ernie Els è famoso per il suo swing potente e aggraziato, che contrasta con la sua personalità calma e rilassata. La sua capacità di colpire la palla con forza e precisione gli è valsa numerosi successi nei tornei più prestigiosi. Els era anche noto per la sua sportività e il suo impegno nel golf mondiale. Particolarmente notevole è stata la sua vittoria al British Open nel 2012 all'età di 42 anni.

La carriera di Ernie Els è stata piena di successi e momenti memorabili. Le sue vittorie agli US Open nel 1994 e nel 1997 furono la dimostrazione del suo talento eccezionale e della capacità di eccellere sotto pressione. Al di fuori delle major, Els è stato un giocatore costante nell'European Tour e nel PGA Tour, vincendo numerosi titoli e piazzandosi costantemente nella top 10 del mondo. Ha inoltre svolto un ruolo importante nella promozione del golf in Sud Africa e a livello internazionale, contribuendo alla crescita di questo sport nel suo paese natale. Inoltre, Els è stato un giocatore chiave nelle competizioni a squadre, tra cui la Presidents Cup e la Coppa del mondo di golf.

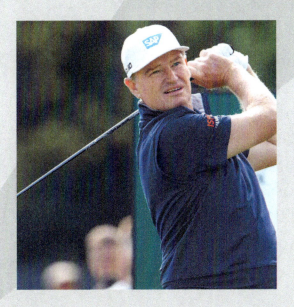

è apparso nella Top 10 dell'Official World Golf Ranking ogni stagione dal 1994, apparendo in cima alla classifica per nove settimane, otto nel 1994 e una nel 1997.

# JIMMY DEMARET

NATO IL 24 MAGGIO 1910 A HOUSTON, TEXAS, STATI UNITI.

Jimmy Demaret ha lasciato il segno nel mondo del golf con un record notevole, comprese tre vittorie al Masters (1940, 1947, 1950). Con un totale di 31 vittorie nel PGA Tour, è stato uno dei golfisti più importanti della sua epoca. Demaret era noto per il suo gioco audace e l'approccio strategico.

## COLORE E CARATTERE SUL VERDE

Jimmy Demaret è famoso per essere uno dei personaggi più pittoreschi e carismatici del golf. I suoi abiti appariscenti e l'approccio gioviale al gioco lo distinguono nel mondo del golf, spesso conservatore. Oltre al suo stile unico, Demaret era un giocatore di golf di talento, noto per il suo tempismo eccellente e il tocco di palla. Le sue tre vittorie al Masters testimoniano la sua abilità e capacità di esibirsi nei tornei più importanti.

La carriera di Jimmy Demaret è stata piena di eventi importanti. La sua prima vittoria al Masters nel 1940 lo rese una stella nascente, impresa che ripeté nel 1947 e nel 1950, consolidando il suo posto tra i grandi del golf. Al di fuori dei tornei, Demaret era anche un giocatore di golf molto richiesto, noto per il suo umorismo e la capacità di intrattenere la folla. Dopo la sua carriera da giocatore, è diventato un commentatore di golf, condividendo la sua passione e il suo umorismo con milioni di telespettatori, e ha co-fondato il Champions Golf Club a Houston. Il suo contributo al golf è stato riconosciuto dalla sua introduzione nella World Golf Hall of Fame.

Demaret è stato incluso nella Golf Hall of Fame nel 1983 e considerato uno dei venti migliori golfisti del 20° secolo secondo Golf Digest Magazine.

# #22

## RAYMOND FLOYD, "RAGGIO"

NATO IL 4 SETTEMBRE 1942 A FORT BRAGG, CAROLINA DEL NORD, STATI UNITI.

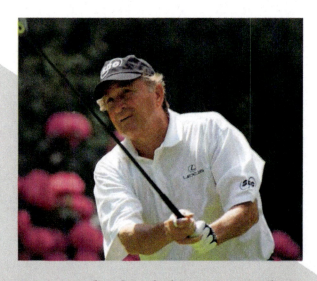

Raymond Floyd ha accumulato un record impressionante durante la sua carriera, con 22 vittorie nel PGA Tour, inclusi quattro titoli importanti. Ha vinto il PGA Championship nel 1969, il British Open nel 1971, il Masters nel 1976 e lo US Open nel 1986.

# UN GRANDE CAMPIONE DEL GOLF AMERICANO

Raymond Floyd è famoso per il suo stile di gioco audace e la sua capacità di mantenere la calma sotto pressione. La sua vittoria agli US Open nel 1986, all'età di 43 anni, lo ha reso uno dei vincitori più anziani di quel torneo, dimostrando la sua longevità e talento in questo sport. Floyd era noto anche per la sua presenza intimidatoria sul campo, l'intensa concentrazione e l'impegno per la vittoria, che lo rendevano un avversario temuto tra i suoi coetanei.

Al di là delle sue vittorie più importanti, la carriera di Raymond Floyd è stata segnata dalla sua costanza e dalla sua capacità di rimanere competitivo ad alti livelli per lungo tempo. È stato un membro chiave delle squadre della Ryder Cup degli Stati Uniti, dove ha spesso giocato un ruolo cruciale. La sua vittoria al Masters nel 1976 fu particolarmente memorabile, vincendo il torneo con un margine di otto colpi, uno dei margini più ampi nella storia dei tornei dell'epoca. Al di fuori dei tornei, Floyd è stato rispettato per la sua conoscenza del golf e il suo approccio strategico al gioco, spesso condividendo la sua esperienza come mentore con i giocatori più giovani.

Esperto nel golf e nel baseball, gli fu offerta la possibilità di lanciare nell'organizzazione dei Cleveland Indians, ma scelse di iscriversi all'Università della Carolina del Nord a Chapel Hill, dove rimase solo per un semestre.

# #23

# BILLY CASPER

NATO IL 24 GIUGNO 1931 A SAN DIEGO, CALIFORNIA, STATI UNITI.

Billy Casper ha avuto una carriera eccezionale con 51 vittorie nel PGA Tour, di cui tre major. Vinse gli US Open nel 1959 e nel 1966 e il Masters nel 1970. Casper era noto per il suo eccellente putting e gioco corto, spesso considerato uno dei migliori nella storia del golf in queste aree.

## IL MAESTRO DELLA COERENZA

Billy Casper è famoso per la sua eccezionale competenza nel putting e nel gioco corto, che è stato la chiave di numerose vittorie nel corso della sua carriera. Oltre alle sue capacità tecniche, il suo approccio strategico al golf, in particolare la sua capacità di giocare in modo intelligente e di gestire il campo, gli ha permesso di ottenere vittorie in una varietà di condizioni. La sua vittoria agli US Open del 1966, dove ha recuperato un deficit di sette colpi nelle ultime nove buche, è particolarmente notevole e testimonia la sua mentalità d'acciaio.

Oltre alle sue vittorie più importanti, la carriera di Billy Casper è stata segnata dalla sua costanza e longevità. Ha vinto almeno un torneo del PGA Tour ogni anno tra il 1956 e il 1971, a testimonianza della sua costanza ai massimi livelli. Casper ha giocato un ruolo importante anche nella Ryder Cup, rappresentando gli Stati Uniti otto volte e accumulando un record impressionante in questa competizione. Fuori dal campo, era noto per il suo impegno in beneficenza e per il suo ruolo di mentore per i giovani golfisti.

Casper è stato inserito nella World Golf Hall of Fame nel 1978.

# BERNHARD LANGER
## "IL GERMANATORE"

**NATO IL 27 AGOSTO 1957 AD ANHAUSEN, BAVIERA, GERMANIA.**

Bernhard Langer vanta un record notevole, comprese due importanti vittorie al Masters (1985, 1993). Oltre a questi successi, ha accumulato più di 40 vittorie nell'European Tour ed è diventato una leggenda del golf senior, con numerosi titoli PGA Tour Champions.

## L'ICONA DEL GOLF TEDESCO

Bernhard Langer è famoso per la sua eccezionale longevità e la sua capacità di rimanere competitivo ad alti livelli ben oltre l'età pensionabile tipica dei golfisti professionisti. La sua tecnica meticolosa, il suo impegno per il fitness e la sua mente d'acciaio sono state le chiavi della sua lunga carriera di successo. La sua vittoria al Masters nel 1985 lo ha reso il primo tedesco a vincere un torneo importante, e ha ripetuto l'impresa nel 1993, consolidando il suo posto tra i grandi del golf.

Bernhard Langer ha molti momenti salienti nella sua carriera. Oltre alle vittorie al Masters, è stato uno dei golfisti più costanti e di successo dell'European Tour, vincendo numerosi tornei e spesso finendo in cima alla classifica dell'Ordine al merito. Nel PGA Tour Champions, ha stabilito record per numero di vittorie, dimostrando un'impressionante capacità di adattare il suo gioco e rimanere competitivo. Langer ha giocato un ruolo chiave anche nella Ryder Cup, aiutando la squadra europea a ottenere diverse vittorie importanti e capitanando la squadra vittoriosa nel 2004.

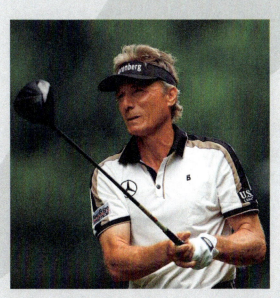

È uno dei giocatori più prolifici, partecipando da giocatore a dieci edizioni della Ryder Cup.

# #25

# BEN CRENSHAW, "IL GENTILE BEN"

NATO L'11 GENNAIO 1952 AD AUSTIN, TEXAS, STATI UNITI.

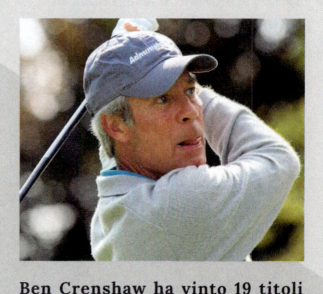

Ben Crenshaw ha vinto 19 titoli nel PGA Tour, comprese due importanti vittorie al Masters nel 1984 e nel 1995. Conosciuto per il suo eccellente putting e tocco sui green, Crenshaw è stato uno dei giocatori più ammirati della sua generazione per la sua capacità di rendere cruciali putt nei momenti di pressione.

## L'ARTISTA DELLA MESSA

Ben Crenshaw è famoso per le sue abilità nel mettere. Il suo stile di gioco, che combina finezza e precisione, ha affascinato gli appassionati di golf ed è stato un modello per molti golfisti. Il suo secondo trionfo al Masters nel 1995, avvenuto poco dopo la morte del suo mentore Harvey Penick, è particolarmente memorabile per la sua emozione e simbolismo, segnando uno dei momenti più toccanti del golf moderno.

Durante la sua carriera, Ben Crenshaw ha accumulato numerose vittorie significative e momenti memorabili. Oltre al successo al Masters, è stato un concorrente costante e di successo nel PGA Tour dagli anni '70 agli anni '90. Il suo contributo alla Ryder Cup come capitano nel 1999 è stato particolarmente notevole, portando la squadra americana a una vittoria spettacolare durante Le partite di domenica. Crenshaw è stato anche riconosciuto per il suo rispetto per la storia e la tradizione del golf, nonché per il suo ruolo nella progettazione dei campi da golf, dove ha utilizzato la sua vasta conoscenza per creare campi che rispettassero lo spirito del gioco.

Crenshaw è ampiamente considerato uno dei migliori putter nella storia del golf. Il suo istruttore, Harvey Penick, gli ha insegnato un colpo fluido e senza sforzo sui green, permettendogli di padroneggiare anche i green più veloci, compresi quelli dell'Augusta National Golf Club.

#26

# GREG NORMAN
## "IL GRANDE SQUALO BIANCO"

NATO IL 10 FEBBRAIO 1955 A MOUNT ISA, QUEENSLAND, AUSTRALIA.

Greg Norman ha avuto una carriera illustre con 20 vittorie nel PGA Tour, inclusi due titoli importanti al British Open nel 1986 e nel 1993. È stato il numero uno al mondo per 331 settimane, un record all'epoca.

## IL GRANDE SQUALO BIANCO DEL GOLF

Greg Norman è famoso per il suo stile di gioco audace e la sua presenza imponente sul campo. La sua capacità di dominare i campi con i suoi lunghi drive e il gioco di approccio preciso lo hanno collocato tra i migliori golfisti del mondo negli anni 80 e 90. È anche noto per i suoi numerosi secondi posti nei tornei più importanti, spesso in modo drammatico, che si sono aggiunti alla sua fama.

Tra i momenti decisivi della carriera di Greg Norman spiccano le sue vittorie al British Open, che dimostrano la sua capacità di eccellere nelle difficili condizioni dei percorsi link. Notevole anche la sua longevità come numero uno al mondo. Tuttavia, la sua carriera è stata segnata da momenti di quasi successo, in particolare al Masters dove è arrivato secondo in diverse occasioni in circostanze memorabili. Fuori dal campo, Norman ha sviluppato un'attività di successo, coinvolto nella progettazione di campi da golf, nel vino e in altri settori, dimostrando il suo acuto senso degli affari.

È considerato uno dei migliori battitori della storia insieme a Jack Nicklaus, ma i progressi tecnologici e l'avvento del driver in metallo, che consentiva drive più lunghi e precisi, hanno ridotto significativamente il suo dominio.

# #27

## TONY JACKLIN

NATO IL 7 LUGLIO 1944 A SCUNTHORPE, LINCOLNSHIRE, INGHILTERRA.

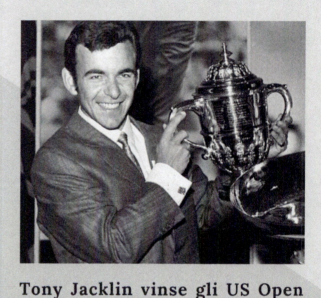

Tony Jacklin vinse gli US Open nel 1970 e il British Open nel 1969. Queste vittorie furono momenti fondamentali nel golf, in particolare gli US Open dove fu il primo britannico a vincere dal 1920. Jacklin vinse anche diversi altri tornei dell'European Tour e è stata una figura chiave nell'evoluzione della Ryder Cup.

# IL PIONIERE DEL GOLF BRITANNICO

Tony Jacklin è famoso per aver ridefinito il golf britannico ed europeo sulla scena mondiale. Le sue vittorie più importanti interruppero un lungo periodo di dominio americano e ispirarono una generazione di golfisti britannici ed europei. Il suo stile di gioco, caratterizzato da sicurezza e aggressività, combinato con il suo impegno per il miglioramento del golf europeo, lo hanno reso uno dei golfisti più influenti della sua epoca.

Oltre alle sue importanti vittorie, Tony Jacklin ha svolto un ruolo cruciale nel trasformare la Ryder Cup da una competizione dominata dagli Stati Uniti a un evento più competitivo ed emozionante. Come capitano della squadra europea, ha portato la squadra alla prima vittoria in 28 anni nel 1985 e ad uno storico pareggio nel 1989, cambiando la dinamica della competizione. Jacklin è stato anche influente nello sviluppo del Tour Europeo, contribuendo alla sua espansione e al suo successo. Dopo la sua carriera da giocatore, è diventato un rispettato commentatore e progettista di campi da golf.

Jacklin giocò sette Ryder Cup consecutive, dal 1967 al 1979. Non fu mai dalla parte dei vincitori, anche se la partita del 1969 finì con un pareggio.

#28

# VIJAY SINGH, "IL GRANDE FIJIANO"

NATO IL 22 FEBBRAIO 1963 A LAUTOKA, SULL'ISOLA DI VITI LEVU, FIJI.

Vijay Singh ha goduto di una carriera di grande successo, con oltre 30 vittorie nel PGA Tour, inclusi tre tornei importanti: il Masters nel 2000 e il PGA Championship nel 1998 e nel 2004. Si è classificato numero uno al mondo negli anni 2000, rompendo il dominio di Tiger Woods.

# IL LEGGENDARIO GIOCATORE DI GOLF DELLE FIJI

Vijay Singh è famoso per la sua incrollabile etica del lavoro e la sua determinazione sul campo. La sua ascesa ai vertici del golf mondiale è una storia di perseveranza e dedizione. Originario delle Fiji, un paese senza molta tradizione golfistica, Singh ha sfidato le aspettative diventando uno dei migliori giocatori al mondo. La sua vittoria al Masters nel 2000 e i suoi due titoli PGA Championship dimostrano la sua capacità di eccellere nei tornei più prestigiosi.

La carriera di Vijay Singh è stata piena di momenti importanti. Oltre alle sue vittorie più importanti, è stato uno dei giocatori più costanti del PGA Tour negli anni 2000, vincendo numerosi tornei e spesso finendo in cima alla classifica della Fedex Cup. Nel 2004, ha detronizzato Tiger Woods dalla posizione di numero uno al mondo, un'impresa notevole per quei tempi. Singh è stato anche riconosciuto per la sua capacità di rimanere competitivo fino ai 40 anni, sfidando le convenzioni sull'età e sulla competitività nel golf professionistico. Fuori dal campo, è noto per il suo coinvolgimento in opere di beneficenza e per la sua influenza nello sviluppo del golf nelle isole del Pacifico.

Ha iniziato a giocare a livello professionistico nel 1982. Sospeso dal circuito asiatico nel 1985 per aver falsificato la sua tessera, ha poi lavorato in un club professionistico del Borneo, risparmiando per ricominciare la carriera.

# LEE WESTWOOD

**NATO IL 24 APRILE 1973 A WORKSOP, NOTTINGHAMSHIRE, INGHILTERRA.**

Lee Westwood ha una carriera illustre con oltre 25 vittorie nel Tour europeo. Anche se non ha vinto alcun major, è stato vicino in diverse occasioni, finendo tra i primi 3 nelle major in diverse occasioni. Westwood si è classificato numero uno al mondo nel 2010, in sostituzione di Tiger Woods.

## L'ETERNO CONTENDENTE DEL GOLF MONDIALE

Lee Westwood è famoso per la sua longevità e costanza nel golf professionistico. Nonostante la mancanza di vittorie importanti, la sua capacità di rimanere competitivo ai massimi livelli per decenni è notevole. La sua presenza regolare nelle classifiche dei tornei più importanti e il suo periodo da numero uno al mondo testimoniano il suo talento e la sua determinazione.

La carriera di Lee Westwood è segnata da numerosi eventi importanti. La sua ascesa al numero uno del mondo nel 2010 è stata un momento chiave, che lo ha portato ai vertici del golf mondiale. Ha giocato un ruolo cruciale in diverse Ryder Cup, aiutando la squadra europea a ottenere molteplici vittorie. Westwood ha anche vinto due volte la Race to Dubai del Tour Europeo, nel 2000 e nel 2009, dimostrando il suo talento su una varietà di percorsi e in climi diversi. Nonostante gli alti e bassi della sua carriera, ha mantenuto un atteggiamento positivo e un forte impegno verso lo sport.

Sebbene abbia iniziato a giocare a golf più tardi, all'età di 13 anni, rispetto ai suoi futuri avversari, ha progredito molto rapidamente e ha vinto il suo primo titolo amatoriale nel 1990 prima di vincere il British Amateur Open nel 1993 e poi diventare professionista nello stesso anno.

#30

# RORY MCILROY

NATO IL 4 MAGGIO 1989 A HOLYWOOD, IRLANDA DEL NORD.

Rory McIlroy ha vinto quattro tornei importanti: gli US Open nel 2011, il PGA Championship nel 2012 e 2014 e il British Open nel 2014. McIlroy ha anche vinto numerosi altri titoli nel PGA Tour e nell'European Tour ed è stato classificato numero uno al mondo in diverse occasioni.

## UN TALENTO NATURALE

Rory McIlroy è famoso per il suo swing naturalmente potente e la sua capacità di dominare i percorsi. Le sue vittorie nei tornei più importanti in giovane età hanno consolidato la sua reputazione come uno dei migliori giocatori di golf del mondo. Il suo US Open nel 2011, dove ha stabilito un nuovo record di punteggio, è stato un momento chiave della sua carriera, introducendolo come una forza dominante in questo sport. McIlroy è amato anche per il suo approccio disponibile e il suo impegno nei confronti del golf.

Oltre alle sue vittorie più importanti, McIlroy ha collezionato numerosi altri successi, inclusa la FedEx Cup nel PGA Tour. È stato un membro chiave della squadra europea della Ryder Cup, contribuendo a numerose vittorie. Il suo gioco è stato caratterizzato dalla capacità di realizzare tiri spettacolari e di rimontare situazioni difficili. La sua presenza costante nella top 10 mondiale e la sua capacità di competere su tutti i tipi di percorsi dimostrano la sua versatilità e il suo talento eccezionale.

Il 12 agosto 2012 è diventato il primo nordirlandese nella storia a vincere il campionato PGA. È anche il primo britannico a ottenere questa vittoria dai tempi di Tommy Armor nel 1930.

# GIUSTINO ROSA

NATO IL 30 LUGLIO 1980 A JOHANNESBURG, IN SUD AFRICA.

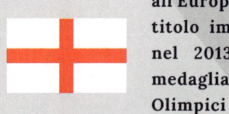

Justin Rose ha un track record impressionante con numerose vittorie al PGA Tour e all'European Tour, incluso un titolo importante, gli US Open nel 2013. Ha anche vinto la medaglia d'oro ai Giochi Olimpici di Rio de Janeiro del 2016, reintroducendo il golf come disciplina olimpica. sport.

## LA FIORITURA DI UN TALENTO BRITANNICO

Justin Rose è famoso per la sua ascesa sin dal suo straordinario debutto da dilettante al British Open nel 1998. La sua vittoria agli US Open nel 2013 è stata un momento spartiacque, collocandolo nell'élite del golf mondiale. Rose è anche riconosciuto per il suo approccio metodico al gioco, la sua costanza nei tornei più importanti e il suo storico successo ai Giochi Olimpici, dove vinse la prima medaglia d'oro nel golf in oltre un secolo.

La carriera di Justin Rose è stata costellata da numerosi eventi importanti. Il suo arrivo sulla scena del golf arrivando quarto da dilettante al British Open del 1998 ha affascinato il pubblico. La sua vittoria agli US Open 2013 è stata un risultato importante, soprattutto con un finale spettacolare nelle buche finali. Vincendo la medaglia d'oro ai Giochi Olimpici del 2016, Rose non solo ha fatto la storia, ma ha anche contribuito a promuovere il golf sulla scena internazionale. Fuori dal campo, è noto per il suo impegno in cause di beneficenza e per il suo ruolo di modello per i giovani golfisti.

Nel 1998 si è fatto un nome classificandosi quarto in un torneo del Grande Slam, durante il British Open, quando era ancora un dilettante.

#32

# PADRAIG HARRINGTON

**NATO IL 31 AGOSTO 1971 A DUBLINO, IRLANDA.**

Padraig Harrington ha vinto il British Open nel 2007 e nel 2008 e il PGA Championship nel 2008. Queste importanti vittorie, soprattutto quelle consecutive al British Open, hanno segnato l'apice della sua carriera. In totale, Harrington ha vinto più di 15 titoli nel Tour Europeo ed è stato un concorrente regolare del PGA Tour, vincendo diversi tornei.

## UN CAMPIONE DAI NERVI D'ACCIAIO

**Padraig Harrington è famoso per la sua resilienza e capacità di esibirsi sotto pressione, in particolare nei tornei più importanti. La sua serie di vittorie consecutive nel 2007 e nel 2008 lo ha reso uno dei migliori golfisti al mondo. Harrington è anche riconosciuto per il suo approccio analitico al gioco, spesso sperimentando tecniche e attrezzature per migliorare le sue prestazioni.**

La carriera di Harrington è stata segnata da diversi momenti significativi. Le sue vittorie consecutive al British Open sono particolarmente degne di nota, collocandolo tra un gruppo selezionato di golfisti che hanno difeso con successo i propri titoli. Nel 2008 vinse due dei quattro major, un'impresa rara nel golf moderno. Harrington ha giocato un ruolo importante anche nelle competizioni a squadre, inclusa la Ryder Cup, dove è stato un membro chiave della squadra europea. Fuori dal campo è noto per il suo impegno nello sviluppo del golf in Irlanda e per il suo lavoro di beneficenza.

Nel suo primo anno vinse il suo primo titolo su questo circuito, l'Open di Spagna, ma poi fallì numerose volte al secondo posto, cosa che gli valse l'etichetta di "perdente dal cuore grande e dal braccio piccolo." »

# DAVIS AMORE III

NATO IL 13 APRILE 1964 A CHARLOTTE, STATI UNITI.

Davis Love III ha una carriera straordinaria con 21 vittorie nel PGA Tour, incluso il PGA Championship nel 1997. È stato uno dei giocatori più costanti in tournée per decenni e ha gareggiato in diverse squadre della Ryder Cup, dando un contributo significativo a queste concorsi.

# UNA "EREDITÀ" DEL GOLF AMERICANO

Davis Love III è famoso per il suo swing potente e il suo gioco coerente che gli hanno permesso di rimanere a lungo ai vertici del golf professionistico. La sua vittoria al PGA Championship del 1997 è stata un momento culminante della sua carriera, dimostrando la sua capacità di eccellere nei tornei più importanti. Love è amato anche per la sua leadership e il ruolo di capitano della squadra della Ryder Cup, dove ha dimostrato il suo impegno nel lavoro di squadra e nel golf internazionale.

Davis Love III ha molti momenti salienti nella sua carriera. Oltre a vincere il PGA Championship, è stato un giocatore chiave nella Ryder Cup, gareggiando in sei edizioni e guidando la squadra come capitano. Ha vinto anche il prestigioso Players Championship nel 1992 e nel 2003, dimostrando la sua abilità su uno dei percorsi più difficili del PGA Tour. Oltre ai suoi successi come giocatore, Love è stato attivo nella progettazione di campi da golf ed è riconosciuto per il suo coinvolgimento in vari enti di beneficenza legati al golf.

Ha giocato a golf presso l'Università della Carolina del Nord a Chapel Hill, dove è stato tre volte membro della All-American and All-Atlantic Coast Conference. Ha vinto sei titoli durante la sua carriera universitaria, incluso il campionato ACC Tournament al secondo anno nel 1984.

#34

# HALE IRWIN, "CAPITAN UNCINO"

NATO IL 3 GIUGNO 1945 A JOPLIN, MISSOURI, STATI UNITI.

Hale Irwin vanta un track record impressionante, soprattutto nei tornei più importanti, con tre vittorie agli US Open (1974, 1979, 1990). Oltre al successo nelle major, Irwin ha vinto numerosi altri tornei del PGA Tour ed è stato particolarmente dominante nel Champions Tour, vincendo più di 45 titoli.

## L'UOMO DEGLI US OPEN

Hale Irwin è famoso per la sua eccezionale longevità e la sua capacità di rimanere competitivo per diversi decenni. Le sue vittorie agli US Open, in particolare nel 1990 all'età di 45 anni, lo collocano tra i più grandi giocatori della storia del golf. Irwin è anche riconosciuto per il suo rigore, determinazione e ottima condizione fisica, che gli hanno permesso di continuare a vincere anche durante i suoi anni nel Champions Tour.

La carriera di Hale Irwin è stata segnata da importanti vittorie e da un dominio prolungato, in particolare nel Champions Tour. La sua vittoria agli US Open nel 1990 all'età di 45 anni rimane uno dei momenti più iconici del golf, a dimostrazione della sua tenacia e del suo talento eccezionale. Nel Champions Tour, Irwin ha stabilito record per il numero di vittorie, affermando il suo posto come uno dei migliori golfisti senior di tutti i tempi. Fuori dal campo, Irwin è stato attivo nella progettazione di campi da golf e in vari enti di beneficenza legati al golf.

Suo padre lo ha introdotto al golf all'età di quattro anni; ha superato per la prima volta la soglia dei 70 punti all'età di quattordici anni. Irwin era un atleta di punta nel football, nel baseball e nel golf alla Boulder High School e si diplomò nel 1963.

# #35

# TOM LEHMAN, "LEHMANATORE"

NATO IL 7 MARZO 1959 AD AUSTIN, MINNESOTA, STATI UNITI.

Tom Lehman ha goduto di una carriera straordinaria con numerose vittorie nel PGA Tour, incluso un titolo importante, il British Open nel 1996. È stato particolarmente riconosciuto per la sua coerenza e competitività negli anni '90, finendo più volte nella top 10 dei tornei più importanti. Lehman è stata la numero uno al mondo per un breve periodo.

## IL GRAN LAVORATORE DEL GOLF

Tom Lehman è famoso per la sua etica del duro lavoro e la perseveranza, che gli hanno permesso di raggiungere il successo nel golf professionistico. Il suo momento clou è stato vincere il British Open nel 1996, dove ha dimostrato la sua padronanza dei collegamenti e la sua capacità di gestire la pressione dei tornei più importanti. Lehman è anche noto per il suo gioco forte e la capacità di rimanere competitivo in varie condizioni di gioco, nonché per la sua leadership e il lavoro di squadra nelle competizioni a squadre.

Oltre alla sua importante vittoria, Tom Lehman ha avuto diversi momenti salienti nella sua carriera. È stato uno dei golfisti più costanti degli anni '90, spesso gareggiando per titoli importanti. Come membro della squadra della Ryder Cup, ha dato un contributo significativo, sia come giocatore che come capitano. La sua capacità di rimanere nella top 20 mondiale per molti anni è una testimonianza della sua abilità e longevità. Fuori dal campo, Lehman è riconosciuto per il suo coinvolgimento in opere di beneficenza e per il suo impatto sullo sviluppo del golf.

Nato ad Austin, Minnesota, e cresciuto ad Alessandria, Lehman ha giocato a golf presso l'Università del Minnesota a Minneapolis-Saint Paul, conseguendo una laurea in economia e contabilità prima di diventare professionista nel 1982.

# #36

## ZACH JOHNSON

NATO IL 24 FEBBRAIO 1976 A IOWA CITY, IOWA, STATI UNITI.

Zach Johnson ha una carriera illustre con 12 vittorie nel PGA Tour, inclusi due tornei importanti: il Masters nel 2007 e il British Open nel 2015. Queste importanti vittorie, ottenute grazie al suo gioco preciso e all'eccellente putting, hanno stabilito Johnson come un giocatore capace di vincere nei più grandi tornei.

## PRECISIONE PER IL SUCCESSO

Zach Johnson è famoso per il suo stile di gioco metodico e la sua eccezionale precisione, soprattutto sui green. La sua vittoria al Masters nel 2007, dove ha dominato le difficili condizioni del percorso nazionale di Augusta, ha dimostrato la sua abilità e la sua strategia di gioco intelligente. La sua vittoria al British Open nel 2015, ottenuta dopo uno spettacolare playoff, ha dimostrato la sua capacità di mantenere la calma e di esibirsi sotto pressione.

La carriera di Zach Johnson è stata costellata da prestazioni notevoli e da una coerenza impressionante. Oltre alle sue vittorie più importanti, ha vinto numerosi altri titoli nel PGA Tour, dimostrando la sua competitività in un'ampia gamma di tornei. Johnson è stato anche un membro importante delle squadre statunitensi della Ryder Cup e della Presidents Cup, fornendo esperienza e leadership. La sua capacità di eccellere in condizioni difficili e su campi impegnativi è stata una componente chiave del suo successo e della sua longevità nel golf professionistico.

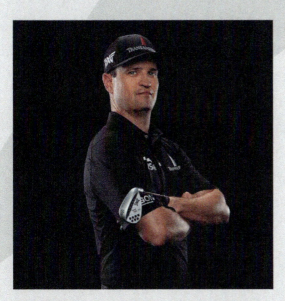

Zach Johnson è noto per il suo rituale sul green, dove spesso recita preghiere mentre gli altri giocatori si concentrano in silenzio. Questa caratteristica unica gli è valsa il rispetto dei suoi colleghi e ha suscitato la curiosità degli appassionati di golf di tutto il mondo.

#37

# BUBBA WATSON

NATO IL 5 NOVEMBRE 1978 A BAGHDAD, FLORIDA, STATI UNITI.

Bubba Watson ha vinto 12 titoli nel PGA Tour, comprese due importanti vittorie al Masters nel 2012 e nel 2014. Queste vittorie al Masters sono particolarmente degne di nota per il loro spettacolo e il modo in cui sono state vinte.

## UNO SPETTACOLO DI POTERE E CREATIVITÀ

Bubba Watson è famoso per il suo stile di gioco unico, che combina potenza pura e inventiva. La sua lunga spinta e la capacità di modellare i tiri in modi insoliti lo hanno fatto risaltare nel PGA Tour. Le sue vittorie al Masters hanno evidenziato non solo il suo talento ma anche la sua emozione e passione per il gioco, rendendolo popolare tra gli appassionati di golf di tutto il mondo.

La carriera di Bubba Watson è costellata di momenti memorabili. Le sue vittorie al Masters, in particolare il suo primo titolo nel 2012, conquistato con uno spettacolare tiro di cuneo durante un playoff, sono passate alla storia del golf. Watson è anche noto per i suoi numerosi drive impressionanti, spesso tra i più lunghi del PGA Tour. Fuori dal campo, è amato per il suo coinvolgimento in beneficenza e la sua personalità vivace, che spesso esprime apertamente le sue emozioni, rendendolo autentico e riconoscibile.

Nel luglio 2011, Watson ha causato polemiche criticando l'Alstom French Open nel Tour europeo, a cui stava gareggiando con l'esenzione dello sponsor. Dopo il suo primo round ha indicato che non avrebbe più partecipato a nessun evento del Tour europeo e si è lamentato.

#38

# JORDAN SPIETH
## "IL BAMBINO D'ORO"

NATO IL 27 LUGLIO 1993 A DALLAS, TEXAS, STATI UNITI.

Jordan Spieth è rapidamente scalato le classifiche del golf mondiale con un track record impressionante, tra cui tre titoli importanti: il Masters e gli US Open nel 2015, così come il British Open nel 2017. In giovane età, ha dimostrato un talento eccezionale, vincendo diversi tornei del PGA Tour.

## LA GIOVANE LEGGENDA DEL GOLF

Jordan Spieth è famoso per la sua precisione eccezionale, il suo putting notevole e la sua maturità sul campo. Il suo 2015 è stato particolarmente degno di nota, vincendo due major e finendo vicino al Grande Slam in una sola stagione. Spieth è noto anche per la sua calma sotto pressione e la sua capacità di sferrare colpi cruciali nei momenti decisivi, affascinando gli appassionati di golf con il suo gioco spettacolare e la sua personalità accattivante.

La carriera di Jordan Spieth è segnata da diversi momenti chiave. Oltre alle sue vittorie più importanti, è stato il più giovane vincitore degli US Open dai tempi di Bobby Jones nel 1923 e si è unito a Tiger Woods come uno dei pochi giocatori a vincere il Masters e gli US Open nello stesso anno. Spieth è stato anche il numero uno al mondo, dimostrando il suo dominio in questo sport. Il suo incredibile ritorno vincendo il British Open nel 2017, dopo aver superato un inizio difficile nella fase finale, è spesso citato come uno dei più grandi momenti di resilienza e abilità nel golf.

Jordan Spieth ha vinto lo US Open amatoriale nel 2009 e nel 2011, unendosi a Tiger Woods come unico plurivincitore. Era il numero 1 nel Polo Golf Rankings, la classifica dei migliori golfisti junior degli Stati Uniti.

# #39

## DUSTIN JOHNSON, "DJ"

NATO IL 22 GIUGNO 1984 A COLUMBIA, CAROLINA DEL SUD, STATI UNITI.

Dustin Johnson ha un track record impressionante, con più di 20 vittorie nel PGA Tour, inclusi due titoli importanti: gli US Open nel 2016 e il Masters nel 2020. È noto per la sua potenza di colpo, la sua lunghezza di guida e il suo gioco aggressivo, che gli ha permesso di dominare numerosi percorsi e di salire più volte al rango di numero uno al mondo.

## IL POTERE SILENZIOSO DEL GOLF

Dustin Johnson è famoso per il suo stile di gioco potente e preciso, che combina drive impressionanti con un gioco raffinato sui green. La sua vittoria agli US Open nel 2016 ha segnato una svolta nella sua carriera, dimostrando che poteva trionfare nei tornei più importanti. Il suo Masters del 2020, vinto con un punteggio record, ha consolidato il suo posto tra i grandi del golf moderno. La sua capacità di rimanere calmo e concentrato, anche nelle situazioni più urgenti, lo rende un concorrente formidabile.

La carriera di Dustin Johnson è costellata di momenti memorabili. Oltre alle sue vittorie più importanti, ha vinto numerosi tornei del PGA Tour, dimostrando coerenza e competitività eccezionali. Johnson è stato il primo giocatore a vincere tutti e quattro i Campionati mondiali di golf, un'impresa notevole nel golf moderno. È stato anche riconosciuto per il suo recupero da infortuni e difficoltà personali, dimostrando la sua resilienza e dedizione allo sport. La sua continua presenza nella top 10 mondiale sottolinea la sua costanza e il suo talento.

Nel febbraio 2017, Johnson è diventato il giocatore di golf numero uno al mondo ed è rimasto tale per 64 settimane consecutive, la quinta serie più lunga come numero 1.

# BROOKS KOEPKA

**NATO IL 3 MAGGIO 1990 A WEST PALM BEACH, FLORIDA, STATI UNITI.**

Brooks Koepka ha stabilito un record impressionante in un breve periodo di tempo, con quattro importanti vittorie a suo nome. Ha vinto gli US Open nel 2017 e nel 2018, nonché il PGA Championship nel 2018 e nel 2019. Queste vittorie, spesso con margini significativi, lo hanno reso uno dei golfisti più dominanti della sua generazione.

## POTENZA E PERSEVERANZA

Brooks Koepka è famoso per il suo impressionante dominio nei tornei più importanti, un'impresa rara nell'era moderna del golf. Il suo approccio fisico e atletico al gioco, combinato con una concentrazione costante, gli ha permesso di ottenere vittorie significative in condizioni di torneo impegnative. La sua serie di vittorie importanti non solo ha stabilito record, ma ha anche consolidato la sua reputazione di concorrente feroce e impavido.

La carriera di Koepka è costellata di eventi straordinari. Le sue vittorie consecutive agli US Open e al PGA Championship sono state momenti storici, rendendolo il primo giocatore di golf dopo Tiger Woods a detenere due titoli importanti contemporaneamente.
Koepka è anche noto per la sua competitività nelle Ryder Cup, dando un contributo significativo al Team USA. La sua capacità di mantenersi in classifica nonostante gli infortuni e le sfide dimostra la sua resilienza e il suo impegno per lo sport.

Uno dei prozii di Brooks Koepka è Dick Groat, MVP della Major League Baseball con i Pittsburgh Pirates nel 1960.

#41

# GIUSTINO TOMMASO

NATO IL 29 APRILE 1993 A LOUISVILLE, KENTUCKY, STATI UNITI.

Justin Thomas ha più di 10 vittorie nel PGA Tour, incluso un titolo importante, il PGA Championship nel 2017. Si è distinto per il suo gioco aggressivo, la sua capacità di produrre punteggi bassi e la sua coerenza nei tornei di alto livello. Thomas ha vinto anche la FedEx Cup nel 2017, sottolineando la sua posizione come uno dei migliori golfisti al mondo.

## LA NUOVA STELLA DEL GOLF MONDIALE

Justin Thomas è famoso per la sua rapida ascesa nel mondo del golf e per il suo stile di gioco dinamico e offensivo. La sua vittoria al PGA Championship nel 2017 all'età di 24 anni è stato un momento chiave della sua carriera, collocandolo tra le élite del golf. Thomas è noto anche per il suo spirito competitivo e la sua capacità di eseguire tiri audaci sotto pressione, affascinando gli spettatori e guadagnandosi il rispetto dei suoi coetanei.

La carriera di Justin Thomas è segnata da numerosi notevoli successi. Oltre alla sua specializzazione, ha vinto la Honda Classic nel 2018 ed è stato un membro chiave del team statunitense della Ryder Cup. Il suo gioco è caratterizzato da colpi di ferro precisi e put solidi. Thomas è anche noto per il suo record in un unico round di -11 sotto il par nel 2017, stabilendo un nuovo record del PGA Tour. La sua capacità di mantenere un alto livello di gioco su una varietà di campi dimostra la sua versatilità e adattabilità.

Thomas ha giocato a golf all'Università dell'Alabama, dove si è piazzato primo sei volte per il Crimson Tide. Nel 2012, ha vinto l'Haskins Award come miglior giocatore di golf universitario. Ha fatto parte della squadra del campionato nazionale 2013.

# #42

## RICKIE FOWLER

NATO IL 13 DICEMBRE 1988 AD ANAHEIM, CALIFORNIA, USA.

Sebbene Rickie Fowler non abbia ancora vinto un torneo importante, ha diverse vittorie nel PGA Tour al suo attivo ed è stato notato per le sue prestazioni costanti nei tornei principali, finendo spesso tra i primi 10.

# IL VOLTO COLORATO DEL GOLF MODERNO

Rickie Fowler è famoso per il suo stile unico e la sua presenza dinamica sul campo. Il suo abbigliamento distintivo, combinato con il suo gioco aggressivo e il talento per i colpi spettacolari, ha catturato l'attenzione degli appassionati di golf. Fowler è amato anche per il suo impegno nel golf e per la sua volontà di oltrepassare i confini tradizionali di questo sport, rendendolo un modello per la nuova generazione di golfisti.

Rickie Fowler ha avuto diversi momenti importanti nella sua carriera. Ha vinto il Players Championship nel 2015, spesso considerato il "quinto major" del golf, in modo spettacolare in un playoff. Fowler è stato anche un membro importante delle squadre statunitensi della Ryder Cup e della Presidents Cup, contribuendo a numerose vittorie. Fuori dal campo, Fowler è noto per il suo lavoro di beneficenza e l'influenza sui social media, dove condivide la sua passione per il golf e si connette con i fan.

Ha un rinomato talento per le "prime volte". Rickie è il primo pilota di motocross a diventare un golfista professionista, ma anche il primo principiante selezionato per la Ryder Cup 2010.

#43

# SERGIO GARCIA, "EL NIÑO"

**NATO IL 9 GENNAIO 1980 A BORRIOL, IN PROVINCIA DI CASTELLÓN, SPAGNA.**

Sergio Garcia ha un track record notevole con oltre 10 vittorie nel PGA Tour e numerose altre nell'European Tour. Il suo momento più memorabile è stato vincere il Masters nel 2017, il suo primo titolo importante dopo diversi anni di prestazioni ravvicinate.

# FUOCO E FINEZZA SUL FAIRWAY

Sergio Garcia è famoso per la sua passione ed espressività sul campo, che gli sono valse una vasta base di fan. Il suo stile di gioco combina una grande finezza, in particolare nel gioco del ferro, con la capacità di gestire i momenti critici, spesso nei tornei più importanti. Il suo trionfo al Masters nel 2017 è stato un momento di intensa emozione, interrompendo una serie di vittorie sfiorate e mettendo in luce la sua perseveranza.

Oltre a vincere il Masters, Garcia è stato un concorrente costante e di alto livello nei tornei più importanti, finendo spesso tra i primi 10. È stato un membro chiave della squadra europea della Ryder Cup, contribuendo a numerose vittorie. La carriera di Garcia è stata segnata anche dalla sua longevità e dalla sua capacità di rimanere competitivo ai massimi livelli per più di due decenni. Fuori dal campo, è riconosciuto per il suo impegno a favore di enti di beneficenza legati al golf e per la promozione dello sport in Spagna.

Ha ottenuto i suoi primi risultati diventando a 14 anni il giocatore più giovane della storia a tagliare il traguardo in un torneo del Circuito Europeo. Lo stesso anno è diventato anche il più giovane vincitore del Campionato Europeo Dilettanti.

#44

# HENRIK STENSON

NATO IL 5 APRILE 1976 A GÖTEBORG, SVEZIA.

Henrik Stenson ha avuto una carriera illustre con numerose vittorie degne di nota, tra cui il British Open nel 2016, il suo primo titolo importante. Ha anche vinto diversi tornei del PGA Tour e dell'European Tour, incluso il Tour Championship nel 2013 e nel 2016.

## RIVELAZIONE DELLA RYDER CUP

Henrik Stenson è famoso per la sua eccezionale padronanza dei ferri, spesso considerato uno dei migliori giocatori di ferro al mondo. La sua storica vittoria al British Open 2016 è stata un momento fondamentale, caratterizzato da un'epica finale contro Phil Mickelson. Stenson è anche riconosciuto per la sua capacità di produrre prestazioni di alto livello in condizioni di torneo difficili, affermando la sua posizione come uno dei golfisti più talentuosi della sua generazione.

La carriera di Stenson è stata costellata di molti momenti salienti. Oltre al trionfo al British Open, è stato il primo giocatore a vincere sia la FedEx Cup del PGA Tour che la Race to Dubai dell'European Tour nello stesso anno (2013). La sua costanza e capacità di tornare dopo periodi di calo della forma dimostrano la sua resilienza e il suo impegno per lo sport. Stenson ha giocato un ruolo chiave anche nelle squadre europee della Ryder Cup, contribuendo a diverse vittorie importanti.

In parte rovinato dopo aver perso gli 8 milioni di dollari investiti tramite il truffatore Allen Stanford, si è lasciato andare anche lui per un ginocchio ed è caduto oltre il 230° posto mondiale

# #45

# ADAMO SCOTT

NATO IL 16 LUGLIO 1980 AD ADELAIDE, AUSTRALIA.

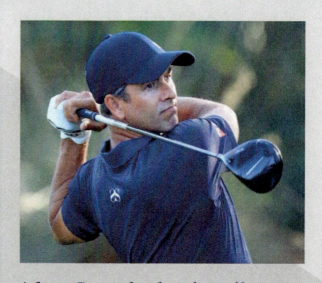

Adam Scott ha lasciato il segno nel golf professionistico con numerose vittorie significative, incluso il suo trionfo al Masters nel 2013, diventando il primo australiano a vincere il prestigioso torneo. Ha collezionato numerose vittorie nel PGA Tour e nell'European Tour, dimostrando la sua capacità di vincere su diversi tipi di percorsi.

## ELEGANZA SENZA PARI SUL CAMPO

Adam Scott è famoso per il suo stile di gioco elegante e il suo swing potente e fluido, che gli è valso il riconoscimento mondiale. La sua storica vittoria al Masters nel 2013 è stata un momento culminante della sua carriera, regalandogli un posto tra i grandi del golf. Oltre alle sue qualità tecniche, Scott è riconosciuto anche per la sua determinazione e la sua capacità di restare nell'élite del golf per molti anni.

Oltre alla vittoria al Masters, Adam Scott ha vissuto diversi momenti chiave nella sua carriera. È stato un contendente regolare nei tornei più importanti, finendo spesso tra i primi 10. Notevole anche la sua vittoria al WGC-Bridgestone Invitational nel 2011, che ha consolidato la sua posizione come uno dei migliori giocatori di golf al mondo. Scott ha giocato un ruolo cruciale nelle squadre internazionali della Presidents Cup, contribuendo a diverse vittorie di squadra. La sua longevità e capacità di adattarsi ai cambiamenti nel gioco testimoniano il suo talento e il suo impegno per lo sport.

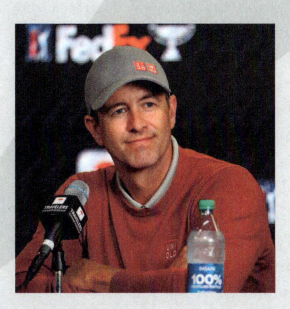

Scott è diventato professionista a metà della stagione 2000. Ha guadagnato il cartellino per la stagione del Tour Europeo 2001 in sole otto partenze da professionista, con il suo miglior piazzamento pari al sesto posto al Linde German Masters.

#46

# JASON GIORNO

NATO IL 12 NOVEMBRE 1987 A BEAUDESERT, QUEENSLAND, AUSTRALIA.

Jason Day si è affermato come uno dei golfisti più talentuosi della sua generazione, con numerose vittorie nel PGA Tour, incluso il suo titolo principale al campionato US PGA nel 2015. Ha anche raggiunto il numero 1 nella classifica mondiale del golf, grazie alla sua coerenza e alle prestazioni eccezionali nei tornei più importanti.

# L'INTREPIDO GOLFISTA AUSTRALIANO

Jason Day è famoso per i suoi potenti colpi di palla e le sue incredibili abilità sui green. La sua vittoria al campionato US PGA nel 2015 è stata un momento fondamentale, dove ha stabilito un record per il punteggio più basso rispetto alla parità in un torneo importante. Day è ammirato anche per la sua resilienza di fronte alle sfide personali e agli infortuni, continuando a esibirsi ai massimi livelli nonostante gli ostacoli.

La carriera di Jason Day è costellata di momenti impressionanti. Oltre al major, ha vinto il Players Championship nel 2016, affermando la sua posizione nell'élite del golf. La sua ascesa al numero uno del mondo nel 2015 ha dimostrato la sua coerenza e capacità di competere con i migliori golfisti del mondo. Day è stato anche un membro chiave della squadra internazionale della Presidents Cup. La sua capacità di superare problemi di salute ricorrenti e di tornare ai massimi livelli è fonte di ispirazione per molti appassionati di golf.

Nel settembre 2015 ha raggiunto la posizione di numero 1 al mondo, posizione che ha mantenuto per 51 settimane.

# COLIN MONTGOMERIE

NATO IL 23 GIUGNO 1963 A GLASGOW, SCOZIA.

Colin Montgomerie ha vinto 31 titoli. Sebbene non abbia mai vinto un major, Montgomerie è stato uno dei golfisti più costanti della sua generazione, arrivando più volte secondo nelle major. Ha dominato il Tour Europeo negli anni '90, vincendo otto volte l'Ordine al Merito Europeo.

# LA COSTELLAZIONE DELLE QUASI VITTORIE

Colin Montgomerie è famoso per il suo dominio nel Tour Europeo e per la sua serie di vittorie consecutive nei tornei più importanti. La sua abilità, costanza e impegno nel gioco gli hanno fatto guadagnare un posto nella storia del golf. Nonostante l'assenza di major nel suo record, Montgomerie è sempre stato considerato uno dei migliori golfisti della sua epoca, soprattutto per la sua capacità di primeggiare nelle classifiche.

La carriera di Montgomerie è segnata dalla sua coerenza e competitività. Il suo dominio nel Tour Europeo negli anni '90 e i suoi otto titoli dell'Ordine al Merito testimoniano la sua supremazia. Notevoli anche le sue prestazioni nelle Ryder Cup, dove è stato un membro chiave della squadra europea, contribuendo in modo significativo a diverse vittorie contro la squadra americana. Montgomerie è anche riconosciuto per la sua leadership e il mentoring di giovani golfisti, nonché per il suo impegno nella progettazione dei campi da golf.

Montgomerie iniziò a giocare a golf all'Ilkley club, dove incontrò Bill Ferguson che sarebbe stato il suo insegnante e mentore. Suo padre James Montgomerie, direttore della Fox's Biscuit, divenne segretario del Royal Troon Golf Club.

# #48

## RETIEF GOOSEN

NATO IL 3 FEBBRAIO 1969 A PIETERSBURG (ORA POLOKWANE), SUD AFRICA.

Retief Goosen ha lasciato il segno nel mondo del golf con le sue prestazioni, in particolare negli anni 2000. Ha vinto due titoli importanti, entrambi agli US Open, nel 2001 e nel 2004. La sua carriera comprende anche numerose altre vittorie nel PGA Tour e nell'European Tour. .

## SERENITÀ NELLA COMPETIZIONE

Retief Goosen è famoso per la sua capacità di rimanere calmo e concentrato, anche nelle situazioni più tese su un campo da golf. Le sue due vittorie agli US Open testimoniano la sua abilità nell'affrontare percorsi difficili e nel gestire la pressione dei tornei più importanti. La sua reputazione di giocatore freddo e calcolatore gli ha fatto guadagnare rispetto e ammirazione in tutto il mondo del golf.

Goosen si è distinto non solo per le sue vittorie nelle major, ma anche per la sua costanza ai massimi livelli. Le sue prestazioni agli US Open, in particolare la sua prima vittoria nel 2001 dopo un epico playoff, sono particolarmente notevoli. È stato classificato tra i primi 10 golfisti al mondo per diversi anni consecutivi, evidenziando la sua costanza ed eccellenza. Goosen ha giocato un ruolo chiave anche nelle competizioni a squadre, rappresentando il Sud Africa in vari eventi internazionali tra cui la Presidents Cup.

Nel 1987, Goosen fu colpito da un fulmine mentre giocava a golf con il suo amico Henri Potgieter al Pietersburg Golf Club. Stavano giocando sotto una leggera pioggerellina quando un fulmine colpì Goosen. Potgieter è stato abbattuto e quando si è rialzato ha visto Retief sdraiato a terra sulla schiena.

#49

# STEWART ZINCO

NATO IL 21 MAGGIO 1973 A HUNTSVILLE, ALABAMA, STATI UNITI.

Stewart Cink ha costruito una carriera solida e rispettata nel PGA Tour, con numerose vittorie al suo attivo, culminate con la vittoria al British Open nel 2009. Ha dimostrato una notevole capacità di rimanere competitivo in tournée per oltre due decenni.

## LA PERSEVERANZA DEL VETERANO

Stewart Cink è famoso per la sua longevità nel mondo del golf professionistico e per la sua memorabile vittoria al British Open nel 2009. La sua carriera nel golf è segnata dalla sua perseveranza, dalla sua capacità di mantenersi ai massimi livelli nonostante l'evoluzione del gioco, e il suo approccio strategico sul percorso. Cink è anche riconosciuto per il suo fair play e la sua leadership, sia dentro che fuori dal campo.

Oltre a vincere il British Open, Cink ha vinto diversi tornei del PGA Tour, dimostrando la sua capacità di competere con i migliori golfisti. La sua vittoria al British Open è particolarmente notevole perché è avvenuta in un playoff contro Tom Watson, uno dei grandi nomi del golf. Cink è stato anche un membro chiave delle squadre statunitensi della Ryder Cup, contribuendo a numerose vittorie. La sua carriera si distingue anche per la sua capacità di tornare in forma anche dopo periodi di calo delle prestazioni.

Il 18 aprile 2021, Cink ha vinto l'RBC Heritage per la terza volta. Diventa il quarto giocatore a vincere due volte nella stessa stagione del PGA Tour dopo aver raggiunto i 47 anni.

#50

# MARTIN KAYMER

NATO IL 28 DICEMBRE 1984 A DÜSSELDORF, GERMANIA.

Martin Kaymer ha lasciato il segno nel mondo del golf con le sue prestazioni eccezionali, tra cui due importanti vittorie: l'US PGA Championship nel 2010 e gli US Open nel 2014. Oltre a questi importanti successi, ha vinto numerosi altri tornei del PGA Tour e del Giro europeo.

## PRECISIONE TEDESCA

Martin Kaymer è famoso per la sua rapida ascesa nel golf professionistico e per la sua capacità di vincere tornei importanti. Le sue vittorie in condizioni di torneo impegnative dimostrano il suo alto livello tecnico e la sua forza mentale. Kaymer è stato anche numero uno al mondo per otto settimane nel 2011, sottolineando il suo dominio nello sport in quel periodo.

La carriera di Kaymer è costellata di molti momenti salienti. La sua convincente vittoria agli US Open nel 2014 con un margine significativo è stata un momento fondamentale, dimostrando la sua completa padronanza del campo. La sua prestazione nella Ryder Cup, in particolare il putt decisivo al "Miracolo a Medinah" nel 2012, rimane uno dei momenti più memorabili nella storia della competizione. Kaymer ha anche svolto un ruolo cruciale nella promozione del golf in Germania, ispirando una nuova generazione di golfisti.

Kaymer ha ottenuto la sua prima vittoria professionale all'età di 20 anni, da dilettante, alla Classica della Germania Centrale nel 2005, sul circuito EPD di terzo livello. Ha ottenuto un punteggio di -19 (67-64-66=197) e ha vinto il torneo con cinque colpi.

In chiusura di "Le 50 leggende del golf e le loro storie", salutiamo la grandezza di questo sport e l'inestimabile eredità dei suoi campioni. Queste leggende incarnano la perseveranza, l'umiltà e la grazia che rendono il golf molto più di un semplice gioco.

Il golf è una lezione di vita, una ricerca dell'eccellenza e un promemoria per ricordare che la pazienza e la determinazione pagano. Le 50 storie che avete appena scoperto sono una vibrante testimonianza della passione condivisa da tutti coloro che hanno calcato i fairway.

Condividete con noi le vostre reazioni dopo aver scoperto o riscoperto queste 50 leggende.
Venite a trovarci sulle nostre reti:

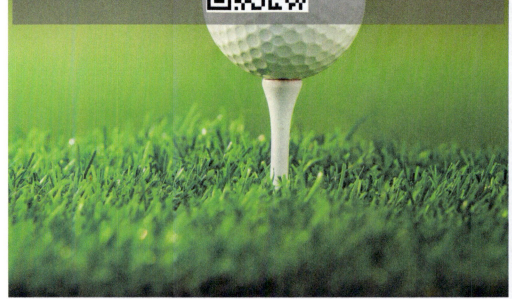

Printed by Amazon Italia Logistica S.r.l.
Torrazza Piemonte (TO), Italy